# BEI GRIN MACHT SICH IHR WISSEN BEZAHLT

- Wir veröffentlichen Ihre Hausarbeit, Bachelor- und Masterarbeit

- Ihr eigenes eBook und Buch - weltweit in allen wichtigen Shops

- Verdienen Sie an jedem Verkauf

Jetzt bei www.GRIN.com hochladen und kostenlos publizieren

GRIN

# Konzeption eines qualitativen Interviewleitfadens. Umgehung des Verzerrungseffekts und Qualitätskriterien

Madeleine Hartleff

**Bibliografische Information der Deutschen Nationalbibliothek:**

Die Deutsche Nationalbibliothek verzeichnet diese Publikation in der Deutschen Nationalbibliografie; detaillierte bibliografische Daten sind im Internet über http://dnb.d-nb.de abrufbar.

ISBN: 9783346468871
Dieses Buch ist auch als E-Book erhältlich.

© GRIN Publishing GmbH
Nymphenburger Straße 86
80636 München

Druck und Bindung: Books on Demand GmbH, Norderstedt Germany
Gedruckt auf säurefreiem Papier aus verantwortungsvollen Quellen

Das Buch bei GRIN: https://www.grin.com/document/1041458

**Einsendeaufgabe**

**Aufgabe B**


im Studiengang Psychologie (B. Sc.)

im Fach Wissenschaftliches Arbeiten – Vertiefung 1

an der

**SRH Fernhochschule – The Mobile University, Riedlingen**


Verfasserin:          **Madeleine Hartleff**

# Inhaltsverzeichnis

# Abkürzungsverzeichnis

NFO           Need for Orientation (Orientierungsbedürfnis)

ÖPNV        Öffentlicher Personennahverkehr

# Abbildungsverzeichnis

# Tabellenverzeichnis

# 1 Aufgabe B1

Auf den folgenden Seiten wird die Konzeption eines qualitativen Interviewleitfadens zur Ermittlung des Orientierungsbedürfnisses von Menschen erläutert. Hierbei liegt der Schwerpunkt auf der Herangehensweise für die Erstellung eines solchen Leitfadens. Des Weiteren wird darauf eingegangen, wie sich die Fallauswahl gestaltet, die zu befragenden Personen gewonnen werden und anschließend das Interview durchgeführt wird. Der konzipierte Interviewleitfaden befindet sich im Anhang.

Das Leitfadeninterview gehört zu den halbstrukturierten Interviews (Döring & Bortz, 2016, S. 358). Der Interview-Leitfaden umfasst mehrere offene Fragen zu einem oder mehreren Themen(-blöcken), zu der oder denen sich die zu interviewende Person frei äußern soll. Die Fragen werden in einen Katalog niedergeschrieben und deren Abfolge festgelegt. Dies bedeutet aber nicht, dass der Interviewende den Fragenkatalog quasi abliest. Je nach Situation können Fragen vorgezogen werden oder ausgelassen werden, weil diese bereits durch den Interviewten beantwortet wurden (Döring & Bortz, 2016, S. 358). Durch den Interviewleitfaden sind die einzelnen Befragungen später bei der Auswertung vergleichbar, weil sich die Umstände bei der Erhebung ähneln und annähernd die gleichen Fragen gestellt wurden (Helfferich, 2019, S. 675). Bei Leitfadeninterviews gilt die Devise „so offen wie möglich" und „so strukturiert wie notwendig" (Helfferich, 2019, S. 676). Daran lässt sich bereits erkennen, dass es unterschiedliche Strukturierungsniveaus bei einem Interview-Leitfaden geben kann: sehr wenig strukturierte Interviews bis hin zu sehr stark strukturierten Interviews (Kruse, 2015, S. 203–204).

Im Folgenden wird auf die theoretischen Grundlagen eingegangen, die für die Erstellung eines Interviewleitfadens wichtig sind. Helfferich (2019) beschreibt die Intention hinter der Erstellung eines Leitfadens, als Verwirklichung und Überdenkung des eigenen Forschungsvorhabens (S. 677). Helfferich (2019) hat ein Vier-Schritte-Programm, kurz SPSS, entwickelt, dass die Erstellung des Interviewleitfadens erleichtern soll. Die Punkte sind (1) Sammeln von Fragen („S"), (2) Prüfen von Fragen („P"), (3) Sortieren („S") und (4) Subsumieren („S"). Im ersten Vorgang werden alle Fragen gesammelt, die einen zu dem Forschungsvorhaben einfallen, ganz frei von jeglicher Formulierung und Eignung. Im zweiten Schritt werden die Fragen sondiert. Welche Frage ist für das Forschungsvorhaben von Interesse, welche Fragen können aus dem ersten Step gestrichen werden. Im dritten Durchgang werden alle Fragen, nach ihrem Inhalt, den entsprechenden Indikatoren zugeordnet. Des Weiteren werden die Fragen nach Erzählaufforderung, Aufrechterhaltungsfragen und konkreten Nachfragen innerhalb der Dimensionen geordnet. Als Letztes werden die Fragen erneut geprüft und sortiert. Bei der Sortierung der Frage wird darauf geachtet, dass die Fragen bereits einem Oberbegriff bzw. einer Erzählaufforderung untergeordnet werden (Helfferich, 2019, S. 677–678).

Helfferich (2019) hat ebenso einen Vorschlag für den formalen Aufbau eines Leitfadens erstellt. Dieser Aufbau erfolgt nach einem dreistufigen Prinzip. Dem Interviewenden soll mit der Erzählaufforderung die Möglichkeit gegeben werden so frei und offen zu kommunizieren, wie es möglich ist. Dabei wird die Erzählaufforderung so formuliert, dass der Erzählende bereits möglichst viele inhaltliche Aspekte von sich aus wiedergibt. Im zweiten Schritt werden inhaltliche Punkte erfragt, die durch den Interviewten in der Erzählaufforderung nicht zur Genüge angesprochen wurden. Es werden aber auch Faktoren angesprochen, die bisher nicht zur Sprache kamen. Dieser Schritt kann so oft wiederholt werden, bis alle inhaltlichen Aspekte des Forschungsvorhabens abgedeckt sind (Helfferich, 2019, S. 676–677). Im letzten Schritt werden, nach Helfferich (2019) und Kruse (2015), Aufrechterhaltungsfragen und konkrete Nachfragen gestellt. Aufrechterhaltungsfragen sind Fragen, die dazu dienen den Gesprächsfluss aufrecht zu erhalten und dem Interviewenden auffordern sollen das Thema weiter zu vertiefen oder seinen Gedanken weiterhin freien Lauf zu lassen. Nachfragen beziehen sich auf inhaltliche Aspekte des Gesagten. Damit wird versucht das angesprochene Thema zu vertiefen, weil dies bisher nicht ausreichend zur Geltung kam. Im Gegensatz zu den Inhaltlichen Aspekten, die nur in Stichworten dargestellt werden, sind die Fragen im dritten Schritt bereits im Interviewleitfaden ausformuliert (Helfferich, 2019, S. 677; Kruse, 2015, S. 213-214).

Das Ergebnis des SPSS-Verfahrens lässt sich dann anhand der Kriterien des formalen Aufbaues in der folgenden Tabelle nach Helfferich (2019) einordnen.

| Leitfragen/Stimulus/Erzählaufforderung | Inhaltliche Aspekte Stichworte – nur erfragen, wenn nicht von allein thematisiert | (Nach-)Fragen mit obligatorischer Formulierung |
|---|---|---|
| Erzählaufforderung | | |
| Erzählaufforderung | | |
| Erzählaufforderung | | |
| Bilanzierungsfragen | | |
| Einstellungsfragen | | |
| Abschlussfrage: Fehlt etwas? | | |
| Nach dem Interview: Ergänzender Fragebogen für Faktenfragen | | |

Tabelle 1:     Schema eines Leitfadens nach Helfferich

(Quelle: Helfferich, 2019, S. 678)

Bevor auf die Erstellung des Interviewleitfadens eingegangen wird, werden kurz die Erkenntnisse von Matthess (2005) zum Orientierungsbedürfnis (im Englischen: Need for Orientation, abgekürzt: NFO) erläutert. Laut Matthess (2005) erleben Menschen immer, wenn sie mit einer ungewohnten Situation konfrontiert werden – wie der Beurteilung neuer politischer Kandidaten oder komplexen politischen Problemen – ein Orientierungsbedürfnis. Dieses Bedürfnis, sich im Dschungel der Politik zurechtzufinden, führt zu einer verstärkten Ausrichtung auf die Massenmedien. Je höher das NFO einer Person ist, desto höher ist das Verhalten bei der Suche nach Informationen, der Medienkonsum und die Anfälligkeit für die Meinung der Medien (Matthess, 2005, S. 424). Matthess (2005) unterscheidet hierbei drei Ebenen eines Problems: das Problem selbst (d. h. worüber man nachdenken sollte), bestimmte Aspekte oder Rahmen eines Problems (d. h. wie man darüber nachdenkt) und schließlich bestimmte journalistische Bewertungen (d. h. wie man darüber nachdenken könnte) (Matthess, 2005, S. 428).

Um das NFO von Menschen messen zu können bedarf es eines Themas. In dieser Arbeit wird das Thema „365 Euro-Ticket für Bayern" aufgegriffen. Markus Söder hat, nach Berichten des Bayerischen Rundfunks, dieses Ticket als ein Projekt in seiner ersten Regierungserklärung vorgebracht (Storch & BR24 Redaktion, 2019). Dieses soll jedem Bürger in Bayern die Möglichkeit geben für einen Euro pro Tag mit den öffentlichen Personennahverkehr (ÖPNV) zu fahren.

Experten in Bayern sehen dieses Vorhaben aus unterschiedlichen Gründen als sehr kritisch an (Storch & BR24 Redaktion, 2019). Deisenhofer (2019) berichtet für den Landkreis Günzburg: „Nur 72,16 Prozent der Menschen in der Region erreichen eine Haltestelle in ausreichender Nähe. [...] Für das Prädikat „ausreichend" gelten zwei vom Bundesinstitut für Bau-, Stadt- und Raumforschung (BBSR) empfohlene Messwerte: höchstens 600 Meter Luftlinie zwischen dem Wohnort und einer Bus- oder Bahnhaltestelle beziehungsweise maximal 1,2 Kilometer bis zum nächsten Bahnhof. Dieser muss wenigstens 20 Abfahrten am Tag ermöglichen." Daraus ergibt sich folgende Forschungsfrage: „Wie hoch ist das Orientierungsbedürfnis bei dem Thema 365 Euro-Ticket für Bayern bei den Bürgern der Stadt Günzburg.?"

Nach dem SPSS verfahren wurden zu Beginn einige Fragen in einem Brainstorming zusammengetragen. Die Fragen sind in der folgenden Abbildung dargestellt.

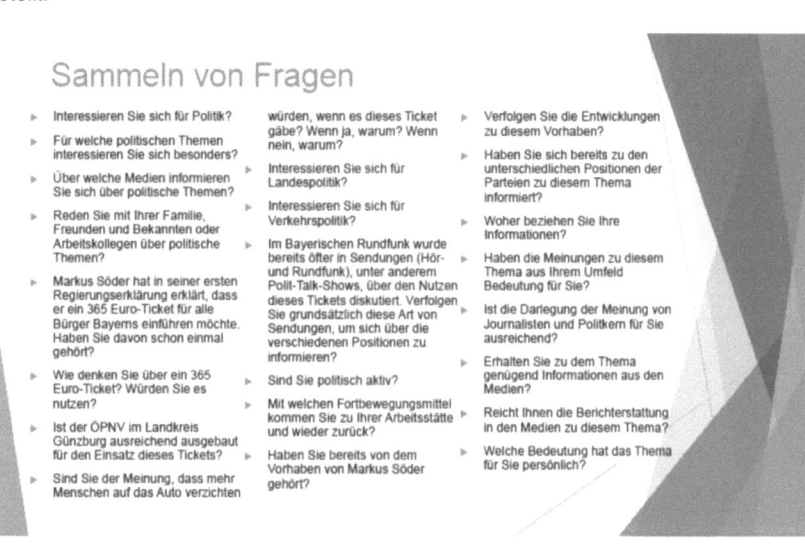

Abbildung 1: mögliche Fragen für den Interviewleitfaden
(Quelle: Eigene Darstellung)

Anschließend wurden diese Fragen nach dem oben beschriebenen SPSS-Verfahren bearbeitet. Da aus dem Brainstorming nur Fragen der Kategorie „konkrete Nachfragen" entstanden sind, wurden diese Fragen als Grundstein für die Entwicklung von Leitfragen verwendet (Schritt 4 des SPSS-Verfahrens).

Zu Beginn des Interviews wird mit der Einstiegsfrage das bereits vorhandene Wissen zum „365 Euro-Ticket für Bayern" erfragt. Diese Frage erscheint für den Einstieg als angemessen, da die folgenden Fragen dem Vorwissen entsprechen angepasst werden können. Für das Orientierungsbedürfnis nach Themen wurde die Leitfrage „Erzählen Sie einmal, für welche politischen Themenbereiche Sie sich so interessieren. Und wie oft Sie sich über neue politische Entwicklungen informieren." ausgewählt. Da es in der Forschungsfrage um ein landespolitisches Thema geht, soll die Relevanz von allgemein politischen Themen für den Befragten herausgefunden werden. Wenn der Befragte kein Interesse an politischen Themen hat, ist es schwieriger für den Interviewer, wie bei einem grundsätzlichen Interesse der befragten Person. Für das Orientierungsbedürfnis nach Fakten wurde die Leitfrage „Als Nächstes würde ich gerne von Ihnen erfahren, wie und wo Sie sich über bestimmte Aspekte eines Themas informieren." ausgewählt. Jeder Mensch bevorzugt andere Kanäle für sein tägliches Bedürfnis nach Informationen. Immer mehr junge Menschen, beziehen ihre Informationen nur noch über das Internet. Ältere Menschen vielleicht nur noch über den Fernseher. In den Medien wird immer mehr über Fake-News berichtet, weshalb ein Interesse daran besteht, wie die zu interviewende Person ihre bezogenen Informationen im Hinblick auf politische Themen verifiziert. Für das Orientierungsbedürfnis nach Bewertungen wurde die Leitfrage „In den vorangegangenen Themenblöcken ging es um Ihr Interesse an Themen und Fakten. Im nachfolgenden würde ich gerne von Ihnen wissen, welche Relevanz Kommentare zu den bisher besprochenen Themen für Sie haben." ausgewählt. Diese Frage baut auf die Leitfrage aus dem zweiten Themenblock auf. Immer mehr Menschen diskutieren nicht mehr über Themen, sondern gehen direkt in Beschimpfungen über, zumindest in den Sozialen Medien. Deshalb die Frage, wie mit der Meinung von Personen im persönlichen Umfeld umgegangen wird. Zu jeder Leitfrage wurden inhaltliche Erwartungen aufgeschrieben und konkrete Fragen, die gegebenenfalls an die Interviewsituation angepasst werden müssen. Es empfiehlt sich während es Interviews die konkreten Fragen vom Allgemeinen zum Spezifischen zu stellen.

In Anlehnung an Kruse (2015) kann eine der Themenblöcke, wie folgt aussehen:

| Leitfrage/Stimuli/Erzählungsaufforderung | |
|---|---|
| Erzählen Sie einmal, für welche politischen Themenbereiche Sie sich so interessieren. Und wie oft Sie sich über neue politische Entwicklungen informieren. | |
| **Inhaltliche Aspekte** | **Konkrete Nachfragen** |
| • Umweltpolitik<br>• Verkehrspolitik<br>• Eigenes Bedürfnis, diese Themen regelmäßig zu verfolgen<br>• Tägliches Informationsbedürfnis nach aktuellen Themen<br>• Landespolitik | • Wie häufig informieren Sie sich über landespolitische Themen?<br>• Interessieren Sie sich für Umwelt- und Verkehrspolitk?<br>• Ist es Ihnen wichtig, sich regelmäßig über politische Themen zu informieren? Im Speziellen über landespolitische Themen?<br>• Das Thema 365 Euro-Ticket für Bayern wurde vor der parlamentarischen Sommerpause erneut im Plenum diskutiert. Haben Sie davon tatsächlich nichts in den Medien mitbekommen? Oder ist das Thema wegen Desinteresse an Ihnen vorübergegangen? |

Tabelle 2:     Orientierungsbedürfnis nach Themen

(Quelle: Eigene Darstellung in Anlehnung an Kruse, 2015, S. 215)

Kruse (2015) empfiehlt die Themenblöcke des Leitfadens auf DIN A5-Karteikarten zu übertragen. Diese Karteikarten können, wie Moderationskärtchen verwendet werden und sie stören nicht in der Kommunikation mit dem Interviewenden (Kruse, 2015, S. 214).

In der empirischen Sozialforschung werden Interviewleitfäden genauso, wie Fragebögen, einem Pretest unterzogen (Weichbold, 2019, S. 349). Nach Mayer (2013) kann der Interviewleitfaden in Probeinterviews getestet werden. Der Pretest dient dazu heikle oder komplizierte, aber auch vielschichtige oder unklare Fragen zu identifizieren. Die Fragen können nach dem Pretest gestrichen oder umformuliert werden. Des Weiteren kann es vorkommen, dass bisher nicht bedachte Fragen oder Themenkomplexe bei dem Pretest auftreten, die entsprechend eingearbeitet werden können (Mayer, 2013, S. 45–46). Mayring (2002) weist darauf hin, dass die Probeinterviews nicht nur für die Testung des Interviewleitfadens sind, sondern ebenso für die Schulung des Interviewenden eine gute Übung sein können (S. 69). Hierfür empfiehlt es sich die Probeinterviews nicht mit einem Audioaufnahmegerät aufzunehmen, sondern eine Videokamera zu nutzen (Döring & Bortz, 2016, S. 362-363).

Bereits während der Interviewleitfaden erstellt wird, kann sich mit dem Thema der Fallauswahl beschäftigt werden. Da bei qualitativen Studien nur kleine Stichproben gezogen werden (Döring & Bortz, 2016, S. 302), ist es wichtig, sich frühzeitig mit der Fallauswahl zu beschäftigen (Przyborski & Wohlrab-Sahr, 2008, S. 173–174). Für diese Arbeit wurde sich für einen festgelegten qualitativen Stichprobenplan entschieden. Döring und Bortz (2016) schreiben, dass ein qualitativer Stichprobenplan der Quotenstichprobe in der quantitativen Forschung nahekommt. Bei dieser Vorgehensweise ist die Fallauswahl am Informationsgehalt der Fälle ausgerichtet. Demnach wird der Stichprobenplan so zusammengesetzt, dass alle für den Fall wichtigen Attribute und Merkmalskombinationen in der Stichprobe auftauchen (Döring & Bortz, 2016, S. 303–304). Aufgrund der Forschungsfrage „Wie hoch ist das Orientierungsbedürfnis bei dem Thema 365 Euro-Ticket für Bayern bei den Bürgern der Stadt Günzburg?" wurden die beiden Merkmale „Arbeitsort im Stadtgebiet" und „derzeitige Nutzung des ÖPNV" ausgewählt. Aus diesen Merkmalen ergibt sich folgende Matrix, die jeweils mit zwei Befragungspersonen bestückt wurde.

| | | Arbeitsort im Stadtgebiet | | $\Sigma$ |
| --- | --- | --- | --- | --- |
| | | ja | nein | |
| Nutzung des | ja | 2 | 2 | 4 |
| ÖPNV | nein | 2 | 2 | 4 |
| $\Sigma$ | | 4 | 4 | 8 |

Tabelle 3:    Samplestruktur
(Quelle: Eigene Darstellung in Anlehnung an Mayer, 2013, S. 40)

Nach der Erstellung des Stichprobenplanes kommt die Rekrutierungsphase. Es muss für jeden der vorgesehenen Fälle in der Samplestruktur eine entsprechende Person gefunden werden. Laut der Fallauswahl werden nur berufstätige Personen gesucht, weshalb die Autorin einen Aufruf über die „Spotted:

Günzburg"-Seite bei Facebook machen würde. Eine Variante, eines möglichen Aufrufes ist in der nachfolgenden Abbildung dargestellt.

Abbildung 2: Anzeige für die Erstkontaktaufnahme
(Quelle: Eigene Darstellung)

Laut Kruse (2015) ist bei der Kontaktaufnahme darauf zu achten, dass der potenzielle Interviewpartner über das Forschungsprojekt informiert wird. Dazu gehört die Dauer des Interviews sowie dessen Ablauf. Bei dieser ersten Kontaktaufnahme möchte der potenzielle Proband schließlich für das Vorhaben gewonnen werden. Aus ethischen Gründen muss vorab das Interesse der Forschung bekannt gegeben werden. Wenn dies jedoch zu sehr im Detail passiert, besteht die Gefahr, dass der zu Interviewende sich im Vorfeld über die Forschungsfrage Gedanken gemacht hat und das Ergebnis verfälscht (Kruse, 2015, S. 254–255). Aus diesem Grund wird in der Anzeige nur von der Untersuchung des Orientierungsbedürfnisses gesprochen, aber nicht an welcher Thematik dies gemessen werden soll.

Wenn alle Interviewpartner gefunden wurden, geht es an die Organisation des Interviews. Es gibt laut Kruse (2015) verschiedene Aspekte, die bei der Organisation beachtet werden sollten. Ein Punkt ist die Aufnahmetechnik. Da bei den Interviews eine Audioaufnahme geplant ist, muss im Vorfeld darauf geachtet werden, dass der Akku des Aufnahmegerätes ausreichend voll ist und gegebenenfalls ein Akku-Pack mit zur Aufnahme genommen wird. Der Interviewer sollte ich im Vorfeld mit seiner Technik vertraut machen, damit er oder sie zum Interview-beginn nicht nervös wird, weil die Technik nicht funktioniert. Zu Beginn der Inter-viewsituation empfiehlt Kruse (2015) eine Probeaufnahme mit der zu interviewen-den Person, um zu prüfen, ob beide Redner auf der Aufnahme gut zu verstehen sind. Da die Aufnahme per Smartphone erfolgen soll, ist des Weiteren darauf zu achten, dass die Aufnahme bei Unterbrechungen bzw. Pausen nicht überspielt wird. Am Ende des Interviews empfiehlt es sich die Aufnahme zusätzlich zu si-chern, zum Beispiel in einer Cloud (Kruse, 2015, S. 262-263). Wenn die Technik soweit funktioniert und die Aufnahme gestartet wurde, werden die formellen Be-lange geklärt. Hierzu zählt neben der Begrüßung, eine Bedankung, dass sich der oder die Interviewende die Zeit genommen hat. Anschließend wird der For-schungsgegenstand noch einmal kurz erläutert. Hierbei darf auf die Informatio-nen vom Erstkontakt zurückgegriffen werden (Kruse, 2015, S. 270). Nachfolgend werden die formellen Angelegenheiten besprochen. Dem Interviewenden wird gesagt, dass das Gespräch aufgezeichnet und später verschriftlicht wird. Weiter-hin wird über den Datenschutz aufgeklärt, ein Begleitschreiben ausgehändigt und die Einverständniserklärung besprochen und unterschrieben. Weiterhin weist Kruse (2015) darauf hin, dass die formellen Angelegenheiten zwar im Vorfeld verschriftlich werden sollen, aber während des Interviews frei vorgetragen wer-den sollen (S. 271). Anschließend wird die Gesprächspartnerin oder der Ge-sprächspartner gefragt, ob noch Fragen offen seien, wenn nicht, wird mit dem Interview begonnen.

Zwischen der Einstiegs- und der Ausstiegsphase erfolgt das eigentliche Inter-view. Während dieser Hauptphase werden die einzelnen Themenbereiche abge-handelt. Im Idealfall erzählt der Gesprächspartner bereits möglichst viel auf die Erzählaufforderung und es muss nur noch wenig Spezifisches nachgefragt wer-den (Przyborski & Wohlrab-Sahr, 2008, S. 142). Wenn sich im Verlauf des Ge-sprächs eine Frage anbietet zu stellen, oder bereits durch den Interviewten be-antwortet wird, obwohl diese erst später angedacht ist, ist es sinnvoll diese ein-fach an dieser Stelle gewähren zu lassen und später nicht noch einmal zu erfra-gen. Wenn wiederum auf Sachverhalte eingegangen wird, die nicht relevant für die Forschung sind, würde es zu einer Blockade der Auskunftsbereitschaft füh-ren, wenn der Forscher diese Sequenzen einfach beendet. Es ist sinnvoll, sich auf diese Themen einzulassen, da vielleicht neue Aspekte in die Forschung aufgenommen werden können. Das Ignorieren bzw. Übergehen von Aussagen ist ebenso unhöflich gegenüber dem Gesprächspartner und sollte vermieden werden, da dies ebenfalls negative Auswirkungen auf das Interview hat. Nach einer Erzähleinheit sollte versucht werden sanft zum nächsten Thema oder zur nächsten Frage überzuleiten (Przyborski & Wohlrab-Sahr, 2008, S. 142–143).

Wie bereits beim Einstieg in das Interview entscheidet beim Ausstieg aus dem Interview die zu interviewende Person, wann dieses beendet wird (Kruse, 2015, S. 273). Es kann durch den Interviewer zum Beispiel folgender Wortlaut gesagt werden: „Im Verlauf des Gespräches haben wir über sehr viele Themen und deren einzelne Aspekte gesprochen. Gibt es von Ihrer Seite noch Anmerkungen, die Sie mir gerne erzählen möchten? Sie können aber auch gerne Fragen stellen, wenn Sie welche haben." Wenn dieser Punkt abgeschlossen ist, werden durch den Untersuchenden abschließend allgemeine Fragen zur Person gestellt, die für die Auswertung von Bedeutung sind. Wie in jedem Gespräch ist es selbstverständlich, dass der Interviewer sich bei dem Probanden für das Gespräch bedankt und sie oder ihn verabschiedet. Kruse (2015) empfiehlt Fragen zu stellen, die zur eigenen Reflexion und gegebenenfalls zur Optimierung des Interviewleitfadens gedacht sind. Diese Fragen können wie folgt lauten: „Wie hat Ihnen das Interview gefallen? Gibt es Dinge, die verändert werden sollten?" und „Was hat Sie dazu bewogen, an diesem Interview teilzunehmen?" (Kruse, 2015, S. 273).

Nachdem das Interview abgeschlossen ist, kann es durch den Forscher weiter verarbeitet werden. In der nachfolgenden Aufgabe B2 wird auf das Thema der möglichen Verzerrung im Interview eingegangen. Dieses Thema wurde deshalb an dieser Stelle nicht weiter ausgeführt. Weiterhin wurde nicht darauf eingegangen, wie die Güte der qualitativen Forschung betrachtet werden kann. Die Notwendigkeit von Gütekriterien wird in der Aufgabe B3 besprochen. Des Weiteren werden ausgewählte Gütekriterien besprochen.

# 2 Aufgabe B2

Im vorherigen Kapitel wurde bereits auf die Thematik „Durchführung eines Interviews" eingegangen. In diesem Abschnitt wird erläutert, was unter einer Verzerrung im Interview zu verstehen ist und wie dieser Effekt so niedrig wie möglich gehalten werden kann.

Ein Interview ist eine soziale Situation in der verschiedene Umwelteinflüsse Auswirkungen auf das Ergebnis der Befragung haben können. Durch die Standardisierung von bestimmten Einflüssen, kann dem Gütekriterium der Objektivität entsprochen werden (Reinecke, 1991, S. 23). Nach Jedinger und Michael (2019) nimmt bei einem Interview der Interviewende eine zentrale Rolle in dieser sozialen Situation ein. Die Interviewenden haben mit ihrem Auftreten einen zentralen Anteil an der Qualität der Forschungsergebnisse. Dieser Effekt wird in der Wissenschaft als Interviewereffekt bezeichnet (Jedinger & Michael, 2019, S. 365). Unter dem Interviewereffekt werden nicht nur Einflüsse der Interviewenden auf die befragten Personen betrachtet, sondern auch die Befragungsperson selbst, das Interviewinstrument sowie der Ablauf des Interviews und viertens die Dokumentation der Befragung und deren Auswertung (Döring & Bortz, 2016, S. 360). In dieser Arbeit werden nur die beiden erstbenannten Fehlerquellen mit deren Auswirkungen auf die Forschungsdaten betrachtet.

Interviewer nehmen nach Schaeffer, Dykema und Maynard (2010) mit wichtigen Dimensionen Einfluss auf die Befragung. Nach den Autoren kann der Befragte entweder die Eigenschaften direkt beobachten oder der Interviewte nimmt diese Dimension als einen Bestandteil der Rolle des Interviewenden wahr. Zu den beobachtbaren persönlichen Merkmalen zählen die Ethnie, das Alter, das Geschlecht und die Stimme der interviewenden Person. Hingegen ist die Persönlichkeit des Befragenden nicht direkt sichtbar. Nach Schaeffer und Kollegen (2010) gehört zu der Rolle des Interviewenden unter anderem seine Sprache und die Betonung einzelner Wörter (Schaeffer et al., 2010, S. 438–439). Weiterhin nimmt das Gegenüber erst mit der Zeit die stabilen Persönlichkeitsmerkmale des Fragenden war sowie die persönliche Einstellung des Interviewenden zu dem Thema der Befragung (Jedinger & Michael, 2019, S. 368). Sedlmeier und Renkewitz (2013) beschreiben, dass es außerdem zu einen Interviewereffekt kommen kann, wenn die oder der Interviewende aufgrund ihrer oder seiner

Annahmen und Stereotype selbst in ihrer oder seiner Verhaltensweise gelenkt wird und entsprechend wieder auf sein Gegenüber eine Beeinflussung ausübt (Sedlmeier & Renkewitz, 2013, S. 99). Jedinger und Michael (2019) empfehlen eine Basisschulung für jeden Interviewer, um den Effekt der Verzerrung zu minimieren. Diese Basisschulung sollte verschiedene Punkte der Interviewtechnik beinhalten, wie zum Beispiel die Kontaktaufnahme zum Befragenden, den Umgang mit Kritik an den Fragen und standardisierte Gesprächsführung. Ebenso sollte zu einer solchen Schulung die Bedienung der verwendeten Technik zur Aufnahme des Interviews und dessen Auswertung gehören (Jedinger & Michael, 2019, S. 370). Anschließend sollte ein weiteres Training stattfinden, in dem das Studiendesign und die Zielsetzung der Untersuchung sowie die Hintergründe an den Interviewenden vermittelt werden (Jedinger & Michael, 2019, S. 371). Schreier (2013b) weist darauf hin, dass vor allem unerfahrene Interviewerinnen und Interviewer Angst davor haben Fehler zu machen. Laut dem Autor wirkt diese Personengruppe auf den Befragten eher hektisch und möchte dem Gegenüber keine Zeit zum Nachdenken lassen. Infolgedessen reden sie dem Interviewten dazwischen (Schreier, 2013b, S. 229–230). Diese Art der Verzerrung kann laut Döring und Bortz (2016) mit Probe-Rollenspielen während des Interviewtrainings verringert werden. Es empfiehlt sich, diese Probe-Rollenspielen mit einer Videokamera aufzuzeichnen, damit der Interviewende seine Fehler im Nachhinein betrachten kann und daraus lernen kann. Weiterhin wird empfohlen, dass Aufzeichnen des Interviews mittels eines Diktiergeräts, einer Videokamera, eines Protokolls oder anderen Methoden ebenfalls zu üben. Bei diesem Probe-Rollenspielen erachtet es sich als sinnvoll schwierige Situationen einzubauen, damit der Interviewende zum Beispiel lernt souverän auf kritische Fragen zu Antworten oder seine eigene Meinung nicht darzulegen (Döring & Bortz, 2016, S. 362–363).

Nach Döring und Bortz (2016) kann die Befragungsperson nicht nur das Interview durch kritische Nachfragen unterbrechen, sie oder er kann ebenso Fragen nicht beantworten, wodurch es zu einer Verzerrung durch den Befragten kommt. Weitere Gründe für eine Verzerrung der Untersuchung können sein, dass der zu Interviewende, nach der Einführung in die Erhebung, das Interview verweigert. Ebenso kann es zu sozial erwünschten oder anderweitig verfälschten Angaben während des Interviews kommen. Diese Effekte können ebenso durch Wechselwirkungen zwischen dem Interviewenden und dem Interviewpartner entstehen.

Bei qualitativen Forschungen wird durch die gezielte Auswahl von Personen versucht, nur Menschen für die Studie zu rekrutieren, die auskunftswillig sind. Dadurch wird einer Verzerrung durch eine Verweigerung der Auskunft entgegengewirkt. Um möglichst wenige angepasste oder verfälschte Antworten zu erhalten, sollte der Interviewer versuchen, die Fragen auf das Gegenüber individuell anzupassen. Weiterhin sollte durch den Befragenden eine angenehme Atmosphäre geschaffen werden, so dass der zu Interviewende sich wohlfühlt und ehrlich antwortet (Döring & Bortz, 2016, S. 363). Um die Antwortverweigerung möglichst gering zu halten wird durch Sedlmeier und Renkewitz (2013) empfohlen die Themen im Interview gezielt zu platzieren. Dies führt zu einer entspannteren Stimmung bei der Befragungsperson und erhöht die Wahrscheinlichkeit, dass ehrlich auf schwierige und intime Themen geantwortet wird (Sedlmeier & Renkewitz, 2013, S. 100). Ebenfalls kann es hilfreich sein, während der Einführung in die Befragung den Interviewenden in das Ziel und den Zweck der Untersuchung einzuführen (Döring & Bortz, 2016, S. 362). Weiterhin ist zu beachten, dass ein Interview mit einem Kind anders gestaltet werden muss, wie mit einem Jugendlichen, einen Angestellten oder einer älteren Person im hohen Alter (Döring & Bortz, 2016, S. 362-363).

# 3 Aufgabe B3

Döring und Bortz (2016) schreiben in ihrem Buch, dass es verbindliche Qualitäts-kriterien in der qualitativen Forschung bedarf, damit bewertet werden kann, ob zum Beispiel eine Studie in einer renommierten Fachzeitschrift gedruckt wird. Genauso werden Gütekriterien benötigt, um bei der Einwerbung von Fördergel-dern für Studien zu zeigen, dass diese wissenschaftliche Untersuchung tragfä-hige Ergebnisse hervorbringen wird (Döring & Bortz, 2016, S. 107). Auf den fol-genden Seiten wird die Bedeutung und der Vorteil von Gütekriterien in der quali-tativen Forschung dargestellt. Anschließend werden fünf Gütekriterien näher be-schrieben und auf die Inhaltsanalyse angewendet.

Wenn die Aussagen von Döring und Bortz (2016) betrachtet werden, stellen sich die folgenden zwei Fragen (Steinke, 2015, S. 319): Wie lässt sich die Qualität der qualitativen Forschung beurteilen? Und welche Gütekriterien soll diese For-schung erfüllen? Dies sind Fragen, die häufig in der qualitativen Forschung ge-stellt werden. Je nach Literatur lassen, sich drei unterschiedliche Meinungen fin-den, wie die Qualität der qualitativen Forschung überprüft werden kann (Schreier, 2013a, S. 277). Die drei Diskussionsstränge können folgendermaßen beschrie-ben werden:

(1) Nach Flick (2019) verfolgen manche Autoren die Auffassung, dass die Gü-tekriterien der quantitativen Forschung einfach auf die qualitative For-schung übertragen werden können (S. 473). Dabei findet oft eine Vermi-schung der Testgütekriterien (Objektivität, Reliabilität & Validität), die sich auf statistische Messinstrumente beziehen, mit den Validitätskriterien wis-senschaftlicher Aussagen (interne und externe Validität), die sich auf die Merkmale des wissenschaftlichen Untersuchungsdesigns beziehen, statt (Döring & Bortz, 2016, S. 107; Steinke, 2015, S. 319).

(2) Die zweite Vertretergruppe ist der Meinung, dass die „klassischen" Güte-kriterien der quantitativen Forschung nicht auf die qualitative Forschung übertragbar sind (Steinke, 2015, S. 320). Dieser Ansatz zielt darauf ab, dass eigene Qualitätskriterien für die qualitative Forschung entwickelt wer-den müssen (Döring & Bortz, 2016, S. 107).

(3) Das dritte Lager vertritt die Position, dass es für qualitative Forschung ge-nerell keine Möglichkeit gibt Gütekriterien zu entwickeln (Steinke, 2015,

S. 321). Begründet wird dies mit dem Umstand, dass die reale Sichtweise immer durch die Forschenden mitkonstruiert wird (Schreier, 2013a, S. 277).

Steinke (2015) hat Überlegungen angestellt, die ihrer Meinung nach als Grundlage für die Qualitätskriterien dienen sollen. Darin beschreibt sie, dass die qualitative Forschung ohne Gütekriterien nicht richtig fortbestehen kann. Ohne Gütekriterien besteht die Gefahr, dass qualitative Forschung nach dem eigenen Ermessen betrieben wird und somit willkürlich wird. Daraus resultieren wiederum Probleme bei der Anerkennung der wissenschaftlich gewonnenen Daten außerhalb der eigenen Forschungsgemeinde. Des Weiteren erwähnt Steinke (2015), dass Gütekriterien der quantitativen Forschung nicht für die Bewertung von qualitativen Studien ausgelegt sind. Quantitative Kriterien wurden für andere Vorgehensweisen, wie zum Beispiel Fragebogen oder Experimente, entwickelt. Als dritten Punkt beschreibt Steinke (2015) weiterhin, dass für die qualitative Forschung nicht nur wenige, standardisierte Kriterien entwickelt werden sollen, sondern ein ganzer Katalog an Kriterien. Die Gütekriterien aus dem Katalog sollen, wenn möglich, alle Faktoren der Beurteilung qualitativer Forschung abdecken (Steinke, 2015, S. 321–323).

Laut Noyes, Popay, Pearson, Hannes und Booth (2008) gibt es mehr als einhundert unterschiedlicher solcher Kriterienkataloge, um die Bewertung von qualitativer Forschung zu unterstützen (Noyes et al., 2008, 20.8). Da stellt sich für die qualitativ forschende Person die Frage, welche dieser Anwendungen für die Untersuchung der Forschungsfrage, die korrekte Methode ist (Flick, 2019, S. 479).

Nach Flick (2019) lässt sich aktuell in der qualitativen Forschung nicht ausmachen, ob es eine Einigung auf Gütekriterien oder Standards, wie in der quantitativen Forschung, geben wird. Des Weiteren stellt sich die Frage, ob dies von den Forschenden überhaupt gewünscht wird. Flick hat allgemeine Anforderungen an die qualitative Forschung beschrieben, an die jeder Wissenschaftler sich unabhängig von seiner Sicht zu Gütekriterien halten sollte (Flick, 2019, S. 485). Diese Forderungen lassen sich wie folgt zusammenfassen (Flick, 2019, S. 485): (1) Die Wahl der Methode argumentieren. (2) Die Art und Weise, wie in der Studie vorgegangen wurde, erläutern. (3) Die Ziel- und Qualitätsansprüche, auf die die Studie beruht, benennen. (4) Die Verfahrensweise für den Lesenden nachvollziehbar gestalten, sodass dieser sich einen eigenen Eindruck von den Anforderungen und der Realität der Studie machen kann.

In der internationalen Fachliteratur werden nach Döring und Bortz (2016) die Gütekriterien von Lincoln und Guba aus dem Jahr 1985 am häufigsten zitiert. Nach diesen Kriterien muss gute qualitative Forschung den Eigenschaften der Glaubwürdigkeit genügen. Dabei wird die Glaubwürdigkeit in vier Untermerkmale unterteilt: Vertrauenswürdigkeit, Übertragbarkeit, Zuverlässigkeit und Bestätigbarkeit (Döring & Bortz, 2016, S. 108). In der deutschsprachigen Literatur findet sich unter anderem ein Kriterien-Katalog von Ines Steinke (Döring & Bortz, 2016, S. 111). Als Kernkriterien qualitativer Forschung beschreibt Steinke (2015) sieben Gütekriterien. Diese Kriterien sollen im Sinne einer Checkliste verwendet werden und können gegebenenfalls entsprechend angepasst werden und einzelne Kriterien ausgelassen und andere hinzugefügt werden (Steinke, 2015., S. 323-324). Die Kriterien im Einzelnen sind (Steinke, 2015, S. 324-330): Intersubjektive Nachvollziehbarkeit, Indikation des Forschungsprozesses, empirische Verankerung, Limitation, Kohärenz, Relevanz und reflektierte Subjektivität.

Qualitative Inhaltsanalysen müssen genauso auf Gütekriterien hin getestet werden und damit ihre wissenschaftliche Eignung zeigen, wie zum Beispiel Messinstrumente in der quantitativen Forschung (Mayring, 2015, S. 123). Mayring (2002) beschreibt in seinem Buch sechs Gütekriterien. Zu den Kriterien zählen: Verfahrensdokumentation, argumentative Interpretationsabsicherung, Regelgeleitetheit, Nähe zum Gegenstand, kommunikative Validierung und Triangulation (Mayring, 2002, S. 144-145, S. 147-148). Fünf der Gütekriterien werden im Folgenden genauer beschrieben und auf die Inhaltsanalyse angewandt. Aus Platzgründen werden nur vereinzelte Teile der Inhaltsanalyse bei der Anwendung auf die Gütekriterien kurz erläutert.

Unter Verfahrensdokumentation versteht Mayring (2002), dass bei der qualitativen Forschung ein besonderes Augenmerk auf die Dokumentation der Vorgehensweise gelegt werden muss. Im Gegensatz zur quantitativen Forschung gibt es keine standardisierten Methodiken, sondern die Techniken werden sehr individuell für den Forschungsgegenstand ausgewählt und gegebenenfalls modifiziert. Die Dokumentation beinhaltet alle Schritte von der Erläuterung des anfänglich vorhandenen Verständnisses für die Thematik, über eine Übersicht der verwendeten Analyseinstrumente bis hin zur Durchführung und Auswertung der erhobenen Daten. Für den Lesenden muss nachvollziehbar sein, wie die Wissenschaftler zu ihren Ergebnissen gekommen sind (Mayring, 2002, S. 144–145).

Die Regelgeleitetheit wird von Mayring (2002) als systematische Abarbeitung von Prozessen in der qualitativen Forschung angesehen. Das heißt, es wird vorher ein Fahrplan festgelegt, wie und wann welche Aufgabe zu erledigen ist. Bei Schwierigkeiten kann in dem Prozess ebenso eine Schleife gedreht werden. Regelgeleitetheit heißt aber nicht, dass sich die Wissenschaftler stur an eine Schritt-für-Schritt Anleitung halten müssen (Mayring, 2002, S. 145–146).

Mayring (2002) weist darauf hin, dass bei der Inhaltsanalyse ein systematisches und regelgeleitetes Vorgehen sehr wichtig ist. Da die qualitative Inhaltsanalyse keine standardisierten Instrumente besitzt, werden die verwendeten Methoden und Techniken auf den entsprechenden Forschungsgegenstand angepasst. Für die Anpassung ist es sinnvoll mit einem Ablaufmodell oder Flussdiagramm zu arbeiten, was die einzelnen Analyseschritte definiert und deren Abfolge als Schemata darstellt. In der Inhaltsanalyse ist es weiterhin wichtig, dass jeder Schritt der Analyse auf eine zuvor überprüfte Regel zurückgeführt werden kann. Für die Kodierung ist hierbei zum Beispiel wichtig, dass vorher Regeln festgelegt werden, wie kodiert werden soll, damit verschiedene Kodierer ein ähnliches Vorgehen haben (Mayring, 2015, S. 50–51). Dieses Vorgehen kann mit den Gütekriterien der Verfahrensdokumentation und Regelgeleitetheit überprüft werden.

In der quantitativen Forschung können Ergebnisse gewonnener Daten mithilfe von statistischen Verfahren gedeutet werden. Es finden also Rechenoperationen statt, die überprüft werden können. In der qualitativen Forschung liegt meistens nur das gesprochene Wort vor und muss entsprechend der Fragestellung interpretiert werden (Mayring, 2002, S. 145). Hierfür hat Mayring (2002) das Gütekriterium der argumentativen Interpretationsabsicherung eingeführt. Die argumentative Interpretationsabsicherung bedeutet, dass die Interpretation der erhobenen Daten mithilfe von Argumenten erläutert werden müssen. Dazu bedarf es im Vorfeld einer guten Darstellung der theoretischen Grundlagen, um auf diese bei der Diskussion der Forschungsergebnisse zurückgreifen zu können. Es wird also mit dem Stand der Wissenschaft eine Grundlage für den Lesenden geschaffen. Die Interpretation an sich muss in sich schlüssig und nachvollziehbar sein. Falls es doch zu Brüchen in der Argumentation kommt, sind die zu begründen und der lesenden Person zu erläutern. Des Weiteren weißt Mayring darauf hin, dass es wichtig ist, nach Alternativdeutungen zu suchen (Mayring, 2002, S. 145).

In der qualitativen Inhaltsanalyse wird das Kommunikationsmaterial, also die einzelnen Ausschnitte des transkribierten Interviews, immer in dessen Zusammenhang gesehen. Das heißt, wenn einzelne Textabschnitte analysiert und interpretiert werden, verweist der Forschende auf die entsprechende Originalstelle im Transkript (Mayring, 2015, S. 50).

Unter kommunikativer Validierung wird die Besprechung des Ergebnisses, also die Interpretation des Interviews, mit der befragten Person verstanden (Heinze, 1979, Heinze & Thiemann, 1982, beide zitiert nach Mayring, 2002, S. 147). Nach Mayring (2002) kann ein wichtiger Hinweis für die Absicherung der Ergebnisse sein, wenn sich die untersuchten Personen in der Interpretation wiederfinden. Dabei müsse die Interpretation sich an die Mythen, Stereotypen und Ideologien der Beprobten halten. Weshalb die kommunikative Validierung niemals als alleiniges Gütekriterium herangezogen werden kann. In der qualitativen Forschung sind die Interviewten nicht nur Datenlieferanten, wie in der quantitativen Forschung, sondern eigenständig denkende Individuen mit denen während des Interviews entsprechend individuell kommuniziert wurde. Die Absicherung der rekonstruierten Daten dient dem Forschenden zur Sammlung von Begründungen, um die Bedeutung der Ergebnisse unterstreichen zu können (Mayring, 2002, S. 147).

Nach dem das Interviewmaterial transkribiert, kodiert und entsprechend paraphrasiert wurde, empfiehlt sich eine Besprechung mit dem Beforschten, um eventuelle Fehlinterpretationen auszuschließen (Mayring, 2015, S. 127).

Wenn mehrere Analysegänge zueinander in eine Beziehung gesetzt werden, kann die Qualität von qualitativ erhobenen Daten deutlich erhöht werden (Denzin, 1978, Fielding & Fielding, 1986, Jick, 1979, alle drei zitiert nach Mayring, 2002, S. 147). Nach Mayring meint Triangulation immer, dass versucht wird so viele verschiedene Methoden auf eine Fragestellung anzuwenden, wie es nur möglich und sinnvoll ist. Anschließend werden die Ergebnisse der verschiedenen Lösungswege miteinander verglichen. Dabei wird keine völlige Übereinstimmung der Ergebnisse angestrebt, sondern nur ein Vergleich, um die Schwächen der einen Methode mit den Stärken der anderen Methode auszugleichen (Mayring, 2002, 147-148).

Mayring empfiehlt für die Inhaltsanalyse die drei Grundtechniken „Zusammenfassung, Explikation und Strukturierung" bei der Interpretation des sprachlichen Materials anzuwenden. Es gibt weitere Techniken, die ebenso kombiniert werden können. Die Techniken werden meisten auf bestimmte Textabschnitte angewendet, um diese untersuchen, beurteilen und in einen Zusammenhang mit anderen Textbestandteilen zu setzen (Mayring, 2015, S. 66).

# Anlagen

## 1 Interviewleitfaden

### Begrüßung und Einleitung

Guten Abend, vielen Dank, dass Sie sich die Zeit für dieses Interview nehmen. Mein Name ist Madeleine Hartleff. Ich studiere an der SRH Fernhochschule in Riedlingen Psychologie. Im Rahmen meines Studiums führe ich eine Studie durch, um das Orientierungsbedürfnis von Personen zu ermitteln. Das Orientierungsbedürfnis beschreibt, aus psychologischer Sicht, das Bedürfnis von Menschen sich in ihrer Umgebung auszukennen. Wenn ein Mensch mit ihm unbekannten Themen konfrontiert wird, entsteht bei ihm das Bedürfnis sich an verschiedenen Ankerpunkten zu orientieren. Dies kann die Tageszeitung sein, die Familie sowie Freunde und Bekannte oder auch zum Beispiel Informationen aus dem Internet. In diesem konkreten Fall wird das Orientierungsbedürfnis an einem landespolitischen Thema gemessen.

Ich möchte Ihnen gerne in ein paar Sätzen erklären, wie sich der Ablauf des Interviews gestaltet: Das Interview besteht nur aus „offenen Fragen", das heißt, Sie antworten auf eine gestellte Frage, das was Ihnen gerade in den Sinn kommt. Wenn Sie eine Frage nicht verstanden haben, bitte ich Sie darum, dies direkt zusagen, damit ich die Frage umformulieren kann. Wenn Ihnen zwischendurch Anmerkungen oder Ergänzungen einfallen, können Sie diese selbstverständlich jederzeit nennen. Ich werde Sie in Ihrer Erzählung nicht unterbrechen. Das Interview wird circa einer Stunde dauern. Wie bereits im Vorfeld besprochen, möchte ich das Interview gerne mit der Diktierfunktion meines Smartphones aufzeichnen. Durch die Aufzeichnung kann ich mich voll und ganz auf Sie und ihre Antworten konzentrieren. Anschließend werde ich das Interview niederschreiben, um es entsprechend auswerten zu können. Selbstverständlich werden Ihre Daten von mir vertraulich behandelt und nicht an Dritte weitergegeben. Für die Niederschrift und die spätere Auswertung werden die Daten anonymisiert. Alle persönlichen Daten, die Rückschlüsse auf Ihre Person zulassen, werden nach der Veröffentlichung der Studie umgehend gelöscht. Um bereits während des Interviews Ihre Anonymität zu wahren, werde ich Sie nicht mit Ihren Namen ansprechen.

Weiterhin möchte ich Sie darüber informieren, dass sie jederzeit ein Widerrufs-recht haben und die Löschung Ihrer Daten veranlassen können.

Wenn Sie keine weiteren Fragen zum Ablauf des Interviews haben, möchte ich Sie bitten, die folgende Einverständniserklärung zu lesen und anschließend zu unterzeichnen (Begleitschreiben).

**Dokumentation des Interviews**

Ort: _____

Datum: _____

Uhrzeit Start: _____

Uhrzeit Ende: _____

**Spezieller Teil**

**Einstiegsfrage:**

Markus Söder hat in seiner ersten Regierungserklärung gesagt, dass er ein 365 Euro-Ticket für alle Bürger Bayerns einführen möchte. Haben Sie davon schon einmal gehört? Und wie ist Ihre Meinung zu dem Vorhaben?

Orientierungsbedürfnis nach Themen

| Leitfrage/Stimuli/Erzählaufforderung | |
|---|---|
| Erzählen Sie einmal, für welche politischen Themenbereiche Sie sich so interessieren. Und wie oft Sie sich über neue politische Entwicklungen informieren. | |
| **Inhaltliche Aspekte** | **Konkrete Nachfragen** |
| • Umweltpolitik<br>• Verkehrspolitik<br>• Eigenes Bedürfnis, diese Themen regelmäßig zu verfolgen<br>• Tägliches Informationsbedürfnis nach aktuellen Themen<br>• Landespolitik | • Wie häufig informieren Sie sich über landespolitische Themen?<br>• Interessieren Sie sich für Umwelt- und Verkehrspolitk?<br>• Ist es Ihnen wichtig, sich regelmäßig über politische Themen zu informieren? Im spezielle über landespolitische Themen?<br>• Das Thema 365 Euro-Ticket für Bayern wurde vor der parlamentarischen Sommerpause erneut im Plenum diskutiert. Haben Sie davon tatsächlich nichts in den Medien mitbekommen? Oder ist das Thema wegen Desinteresse an Ihnen vorübergegangen? |

Orientierungsbedürfnis nach Fakten

| Leitfrage/Stimuli/Erzählaufforderung | |
| --- | --- |
| Als Nächstes würde ich gerne von Ihnen erfahren, wie und wo Sie sich über bestimmte Aspekte eines Themas informieren. | |
| **Inhaltliche Aspekte** | **Konkrete Nachfragen** |
| • Informieren über verschiedene Sichtweisen<br>• Besteht Wunsch nach ausgiebigen Informationen<br>• Möchte gerne detaillierte Hintergrundinformationen haben<br>• Informieren erfolgt über verschiedene Kanäle | • Wie stehen Sie zu Hör- und Rundfunksendungen, wie zum Beispiel, Polit-Talk-Shows?<br>• Informieren Sie sich auch über die gängigen Portale und Webseiten im Internet?<br>• Auf den Websites des Bundes- und Landtages können die Bürger sich zu den aktuellen Debatten im Plenum Informationen einholen. Nutzen Sie diese Informationsquelle für sich?<br>• Holen Sie sich bei umweltpolitischen Themen auch Meinungen und Erkenntnisse von Fachkräften (Wissenschaftlern) ein? Zum Beispiel über Wissenschaftsmagazine?<br>• Worauf achten Sie bei der Recherche von Hintergrundinformationen?<br>• Wenn das 365 Euro Ticket eingeführt wird, wie würden Sie sich über den persönlichen Nutzen für Sie selbst und Ihre Familie informieren? |

Orientierungsbedürfnis nach Bewertungen

| Leitfrage/Stimuli/Erzählaufforderung | |
|---|---|
| In den vorangegangenen Themenblöcken ging es um Ihr Interesse an Themen und Fakten. Im nachfolgenden würde ich gerne von Ihnen wissen, welche Relevanz Kommentare zu den bisher besprochenen Themen für Sie haben. | |
| **Inhaltliche Aspekte** | **Konkrete Nachfragen** |
| • Persönliche Bedeutung von Kommentaren aus dem Umfeld<br>• Persönliche Bedeutung von journalistischen Kommentaren<br>• Wird in persönlichem Umfeld über Politik geredet | • Über welche politischen Themen wird in Ihrem persönlichen Umfeld (Familie, Freunde, Arbeitskollegen) gesprochen?<br>• Haben die Kommentare aus diesem Umfeld eine Relevanz für Sie? Überdenken Sie Ihre eigene Meinung oder beschäftigen Sie sich nochmals mit dem Thema auf einer anderen Ebene?<br>• Ist die Darlegung der Themen von seiten der Politiker und Journalisten für Sie ausreichend?<br>• Reden Sie mit Ihrem Umfeld über Kommentare von Journalisten und Politikern?<br>• Hans Reichhart (Bau- und Verkehrsminister von Bayern (CSU)) möchte das 365 Euro Ticket unbedingt noch dieses Jahr aber spätestens nächsten Jahr für Schüler und Auszubildende einführen. Die befragten Experten haben sich im Verkehrsausschuss gegen diese Einführung ausgesprochen. Wie stehen Sie zu der Einführung des Tickets im Landkreis Günzburg? |

**Formaler Teil**

Zum Ende des Gespräches möchte ich Sie noch nach ein paar Daten für die Statistik befragen.

| | |
|---|---|
| Alter: | _____ |
| Geschlecht: | ○ männlich  ○ weiblich  ○ divers |
| Nutzung         des ÖPNV: | ○ ja  ○ nein |
| Pendler: | ○ ja  ○ nein |

**Schluss**

Im Verlauf des Gespräches haben wir über sehr viele Themen und deren einzelne Aspekte gesprochen. Gibt es von Ihrer Seite noch Anmerkungen, die Sie mir gerne erzählen möchten? Sie können aber auch gerne Fragen stellen, wenn Sie welche haben.

Wenn dies nicht der Fall ist, dann habe ich noch zwei Fragen an Sie und würde mich freuen, wenn Sie mir Feedback geben.

- Wie hat Ihnen das Interview gefallen? Gibt es Dinge, die verändert werden sollten?
- Was hat Sie dazu bewogen, an diesem Interview teilzunehmen?

Ich wünsche Ihnen einen schönen Abend. Auf Wiedersehen.

## 2 Begleitschreiben

Ziel der Studie

Im Rahmen meines Studiums führe ich eine Studie durch, um das Orientierungsbedürfnis von Personen zu ermitteln. Das Orientierungsbedürfnis beschreibt, aus
psychologischer Sicht, das Bedürfnis von Menschen sich in ihrer Umgebung auszukennen. Wenn ein Mensch mit ihm unbekannten Themen konfrontiert wird, entsteht bei ihm das Bedürfnis, sich an verschiedenen Ankerpunkten zu orientieren.
Dies kann die Tageszeitung sein, die Familie sowie Freunde und Bekannte oder
auch zum Beispiel Informationen aus dem Internet. In diesem konkreten Fall wird
das Orientierungsbedürfnis an einem landespolitischen Thema gemessen.

Ablauf des Interviews

- Offene Fragen → freie Erzählung

- Dauer: ca. 60 Minuten

- jederzeit dürfen Fragen gestellt werden oder Anmerkungen gemacht werden durch den Befragten

- Interviewer stellt keine Zwischenfragen

- Aufzeichnung des Interviews erfolgt mit der Diktierfunktion eines Smartphones des Interviewers

# Literaturverzeichnis

Deisenhofer, M. (2019, 23. Mai). *Günzburger Nahverkehr enttäuscht im Bundes-Vergleich.* Zugriff am 04.08.2019. Verfügbar unter https://www.max-deisenhofer.de/region/guenzburger-nahverkehr-bundesvergleich/

Denzin, N. K. (1978). *The research act: A theoretical introduction to sociological methods* (2.). New York: McGraw-Hill.

Döring, N. & Bortz, J. (2016). *Forschungsmethoden und Evaluation in den Sozial- und Humanwissenschaften* (5.). Berlin: Springer. doi:10.1007/978-3-642-41089-5

Fielding, N. G. & Fielding, J. L. (1986). *Linking Data* (1.). Newbury Park: Sage Publications. doi:10.4135/9781412984775

Flick, U. (2019). Gütekriterien qualitativer Sozialforschung. In N. Baur & J. Blasius (Hrsg.), *Handbuch Methoden der empirischen Sozialforschung* (2., S. 473–488). Wiesbaden: Springer VS. doi:10.1007/978-3-658-21308-4_33

Heinze, T. (Hrsg.). (1979). *Lebensweltanalyse von Fernstudenten: theoret. und methodolog. Überlegungen zum Typus hermeneut.-lebensgeschichtl. Forschung* (1.). Hagen.

Heinze, T. & Thiemann, F. (1982). Kommunikative Validierung und das Problem der Geltungsbegründung. *Zeitschrift für Pädagogik,* (28), 635–642.

Helfferich, C. (2019). Leitfaden- und Experteninterviews. In N. Baur & J. Blasius (Hrsg.), *Handbuch Methoden der empirischen Sozialforschung* (2., S. 669–686). Wiesbaden: Springer VS. doi:10.1007/978-3-658-21308-4_44

Jedinger, A. & Michael, T. (2019). Interviewereffekte. In N. Baur & J. Blasius (Hrsg.), *Handbuch Methoden der empirischen Sozialforschung* (2., S. 365–376). Wiesbaden: Springer VS. doi:10.1007/978-3-658-21308-4_25

Jick, T. D. (1979). *Process and Impacts of a Merger. Individual and Organizational Perspectives.* Dissertation. Cornell University, New York.

Kruse, J. (2015). *Qualitative Interviewforschung: Ein integrativer Ansatz* (2.). Weinheim: Beltz Juventa.

Matthess, J. (2005). The Need for Orientations Towards News Media. Revising and Validating a Classic Concept. *International Journal of Public Opinion Research, 18*(4), 422–444. doi:10.1093/ijpor/edh118

Mayer, H. O. (2013). *Interview und schriftliche Befragung. Grundlagen und Methoden empirischer Sozialforschung* (6.). München: Oldenbourg Wissenschaftsverlag.

Mayring, P. (2002). *Einführung in die qualitative Sozialforschung* (6.). Weinheim: Beltz Verlag.

Mayring, P. (2015). *Qualitative Inhaltsanalyse. Grundlagen und Techniken* (12.). Weinheim: Beltz Verlag.

Noyes, J., Popay, J., Pearson, A., Hannes, K. & Booth, A. (2008). Qualitative research and Cochrane reviews. In S. Green, J. P. T. Higgins, P. Alderson, M. Clarke, C. D. Mulrow & A. D. Oxman (Hrsg.), *Cochrane Handbook for Systematic Reviews of Interventions* (5.0.2, 20.1-20.18). Chichester: John Wiley & Sons Ltd. Zugriff am 04.08.2019. Verfügbar unter https://www.researchgate.net/publication/227997540_Qualitative_Research_and_Cochrane_Reviews

Przyborski, A. & Wohlrab-Sahr, M. (2008). *Qualitative Sozialforschung. Ein Arbeitsbuch* (1.). München: Oldenbourg Wissenschaftsverlag.

Reinecke, J. (1991). *Interviewer- und Befragtenverhalten. Theoretische Ansätze und methodische Konzepte* (1.). Opladen: Westdeutscher Verlag. doi:10.1007/978-3-322-94163-3

Schaeffer, N. C., Dykema, J. & Maynard, D. W. (2010). Interviewers and Interviewing. In Mardsen, Peter V. & J. D. Wright (Hrsg.), *Handbook of survey research* (2., S. 437–470). Bingley: Emerald.

Schreier, M. (2013a). Bewertung qualitativer Forschung. In W. Hussey, M. Schreier & G. Echterhoff (Hrsg.), *Forschungsmethoden in Psychologie und Sozialwissenschaften für Bachelor* (2., S. 276–284). Berlin: Springer Medizin. doi:10.1007/978-3-642-34362-9_8

Schreier, M. (2013b). Qualitative Erhebungsmethoden. In W. Hussey, M. Schreier & G. Echterhoff (Hrsg.), *Forschungsmethoden in Psychologie und*

*Sozialwissenschaften für Bachelor* (2., S. 222–244). Berlin: Springer Medizin. doi:10.1007/978-3-642-34362-9_6

Sedlmeier, P. & Renkewitz, F. (2013). *Forschungsmethoden und Statistik für Psychologen und Sozialwissenschaftler* (2.). Hallbergmoos: Pearson.

Steinke, I. (2015). Gütekriterien qualitativer Forschung. In U. Flick, E. von Kardorff & I. Steinke (Hrsg.), *Qualitative Forschung: Ein Handbuch* (11., S. 319– 331). Reinbek bei Hamburg: Rowohlt Taschenbuch Verlag.

Storch, L. & BR24 Redaktion. (2019). *Sachverständige gegen 365-Euro-Ticket in Bayern.* Zugriff am 04.08.2019. Verfügbar unter https://www.br.de/nachrichten/bayern/sachverstaendige-gegen-365-euro-ticket-fuer-bayern,RUPkcQx

Weichbold, M. (2019). Pretest. In N. Baur & J. Blasius (Hrsg.), *Handbuch Methoden der empirischen Sozialforschung* (2., S. 349–356). Wiesbaden: Springer VS. doi:10.1007/978-3-658-21308-4_23